BEI GRIN MACHT SICH IHR WISSEN BEZAHLT

Entscheidungsstrukturen und Prozesse für ein erfolgreiches IT- Management mit IT- Governance

Bibliografische Information der Deutschen Nationalbibliothek:

Die Deutsche Nationalbibliothek verzeichnet diese Publikation in der Deutschen Nationalbibliografie; detaillierte bibliografische Daten sind im Internet über http://dnb.d-nb.de abrufbar.

ISBN: 9783346413765
Dieses Buch ist auch als E-Book erhältlich.

Druck und Bindung: Books on Demand GmbH, Norderstedt Germany
Gedruckt auf säurefreiem Papier aus verantwortungsvollen Quellen

Das vorliegende Werk wurde sorgfältig erarbeitet. Dennoch übernehmen Autoren und Verlag für die Richtigkeit von Angaben, Hinweisen, Links und Ratschlägen sowie eventuelle Druckfehler keine Haftung.

Das Buch bei GRIN: https://www.grin.com/document/1020914

FOM Hochschule für Oekonomie & Management

Hochschulzentrum Bonn

Hausarbeit

im Studiengang IT Management

Zur Erfüllung der Aufgabenstellung im Modul

IT-Architekturen

über das Thema

IT-Governance
**Entscheidungsstrukturen und Prozesse
für ein erfolgreiches IT-Management**

Abgabedatum   13. Dezember 2020

Inhaltsverzeichnis

Abkürzungsverzeichnis

APO	Align, Plan and Organise
BAI	Build, Acquire and Implement
CIO	Chief Information Officer
CRM	Customer Relationship Management
COBIT	Control Objectives for Information and Related Technology
DSS	Deliver, Service and Support
EAM	Enterprise-Architecture-Management
EDM	Evaluate, Direct and Monitor
ERP	Enterprise Resource Planning
FA	Fachabteilung
GRC	Governance, Risk und Compliance
IT	Informationstechnologie
ITIL	Information Technology Infrastructure Library
MEA	Monitor, Evaluate and Assess
SCM	Supply Chain Management
VUCA	Volatility, Uncertainty, Complexity and Ambiguity

Abbildungsverzeichnis

Tabellenverzeichnis

Glossar

Best Practice Eine best practice ist eine unverbindliche Empfehlung, wie in einem bestimmten Fall vorzugehen ist. Sie ist somit flexibler als ein Standard: Bei geänderten Anforderungen oder Bedingungen kann mitunter eine andere Vorgehensweise erfolgversprechender sein. Ändern sich die Anforderungen permanent, so sollte die Bewertung revidiert werden.. 9, 13

Framework Ein Framework (englisch für Rahmenwerk) ist ein Programmiergerüst oder eine Blaupause, welche in der Softwaretechnik, insbesondere im Rahmen der objektorientierten Softwareentwicklung sowie bei komponentenbasierten Entwicklungsansätzen, verwendet wird. Im allgemeineren Sinne bezeichnet man mit Framework auch einen Ordnungsrahmen.. 3, 9, 13, 15

Governance Governance, die semantische Übersetzung aus dem französisch lautet *verwalten, leiten, erziehen*. Dies stammt vom lateinischen Begriff für *das Steuerruder führen* ab. Das Wort wird oft übersetzt als Regierungs-, Amts- bzw. Unternehmensführung. Es bezeichnet allgemein das Steuerungs- und Regelungssystem im Sinn von Aufbau- und Ablauforganisation einer politisch-gesellschaftlichen Einheit wie Staat, Verwaltung, Gemeinde, privater oder öffentlicher Organisation. Häufig wird es auch im Sinne von Steuerung oder Regelung einer Gesellschaft oder eines Betriebes verwendet.. II, 1, 2, 4, 5, 6, 9, 13, 14, 18, 19

IT-Infrastruktur Die IT-Infrastruktur ist die Gesamtheit aller Gebäude, Kommunikationsdienste (Netzwerk), Maschinen (Hardware) und Programme (Software), die einer übergeordneten Ebene durch eine untergeordnete Ebene (lat. infra „Unter") zur automatisierten Informationsverarbeitung zur Verfügung gestellt werden.. 3, 4, 15

Management Management, die semantische Übersetzung aus dem lateinischen bedeutet *an der Hand führen*. Der Begriff ist ein Anglizismus für jede zielgerichtete und nach ökonomischen Prinzipien ausgerichtete menschliche Handlungsweise der Leitung, Organisation und Planung in allen Lebensbereichen.. II, IV, 1, 2, 3, 4, 5, 6, 9, 10, 11, 12, 13, 14, 15, 17, 18

1 Einführung zu IT-Governance

Informationstechnologie (IT); heutzutage etwas Gewöhnliches in jedem Unternehmen. Daher ist bei einer Dysfunktion die Kritik groß. Das Verständnis, was sich hinter der Begrifflichkeit verbringt, bleibt einer Handvoll Mitarbeitern in der Belegschaft vorenthalten. Die vorherrschende Finsternis in der Ausgangssituation, unter dem Gesichtspunkt IT-Governance, soll durch diese Arbeit beleuchtet werden.

1.1 Zielsetzung

Der Schwerpunkt dieser Arbeit liegt in der Beantwortung von zwei Fragestellungen:

- Wie ist die Relation von IT-Governance zu IT-Management?
- Was ist die Basis für erfolgreiches IT-Management?

Dazu werden die Perspektiven der Aufbau- und Ablauforganisation in der IT betrachtet. Die Untersuchung erfolgt in Form einer Literaturrecherche, welche sich dem Schneeballsystem bedient. Zudem fließen empirische Erkenntnisse mit ein.

1.2 Aufbau der Arbeit

Zunächst werden die beiden Begriffe IT-Management und IT-Governance in Abschnitt 2 erläutert. An dieser Stelle beantwortet sich bereits die erste Fragestellung.

Der Hauptteil der Arbeit findet sich im 3. Abschnitt Entscheidungsstrukturen und Prozesse. Darin werden Aufbau- und Ablauforganisation vorgestellt. Zur Aufbauorganisation wird das Konzept einer internen und externen IT beleuchtet. Im folgenden Unterabschnitt zur Ablauforganisation wird dem Leser anhand von zwei verschiedenen Beispielen ein Bild der vielfältigen IT-Prozesse vermittelt. Zu guter Letzt wird die Verbindung zur Realität verdeutlicht. Dazu werden auch die Rollen aus dem letzten Abschnitt eingegliedert.

Im vorletzten Abschnitt 4 erfolgt die Analyse. Darin werden zuvor genannte Informationen in Kombination mit praktischen Erfahrungen aufgegriffen. Die bislang genannten Informationen werden in einer Anforderungsliste gebündelt. Daran anschließend erfolgt eine verallgemeinerte Nutzwertanalyse, welche die Aufbauorganisationsformen bewertet. Abschließend erfolgt die Beantwortung der zweiten Fragestellung.

2 Begriffsdefinition

In diesen Abschnitt werden die Begrifflichkeiten IT-Management und IT-Governance beschrieben. Letztlich wird die Relation der beiden Begriffe zueinander verdeutlicht.

2.1 IT-Management

Die Steuerung der IT wird vom IT-Management thematisiert und lässt sich daher zunächst
grob in strategische, administrativ und operative Aufgaben unterteilen (vgl. *Laudon, K. C.,
LAUDON, J. P., SCHODER*, 2010, S. 808; vgl. *KRCMAR, H.*, 2005, S. 35; nach *BEIMS,
M., ZIEGENBEIN, M.*, 2014, S. 9):

- **Strategisch**: Diese Aufgaben sind global und bestimmen die Nutzung der IT für und
  durch die Organisation. Ein Beispiel hierfür wäre die Planung der IT-Architektur.

- **Administrativ**: Dieser Bereich zieht die strategischen Grundsätze heran und arbeitet auf der administrativen Ebene. Als Beispiel lässt sich die Personalbeschaffung
  aufführen.

- **Operativ**: Der konkrete Betrieb der IT wird hier gesteuert. Beispiele wären die Tätigkeit von Mitarbeitern im Helpdesk.

In Abbildung 1 sind die Aufgabenbereiche des IT-Managements zusammengefasst. Es
wird die IT gesteuert, sodass die Bedürfnisse der Kunden und Gesamtorganisation gestillt
werden. Die Trennung erfolgt, um die unterschiedlichen Interessen zu beachten. Entwe-
der fungiert die IT ausschließlich intern und die eigene Organisation ist der *Kunde* oder
sie fungiert zudem als Teil einer Prozesskette, welche einen Kundenservice erbringt (vgl.
RESCH, O., 2016, S. 48; vgl. *RESCH, O.*, 2009, S. 15 f.).

Für das Unternehmen ist die Transparenz und Steuerbarkeit der IT relevant. Daher wird
die Bewegungsfreiheit des IT-Managements einschränken. Dies geschieht durch Erschaffung eines Rahmens in Form von Regeln, Strukturen sowie Prozessen, welcher von der
IT-Governance definiert wird. Zudem ist die Einhaltung externer Regelwerke und die Be-
rücksichtigung von IT-Risiken bedeutend. Aufgrund dessen wird Governance, Risk und
Compliance (GRC)-Management in einem Tätigkeitsblock zusammengefasst (vgl. *KLOTZ,
M., DORN, D.-W.*, 2008, S. 7; i. A. a. *REISS, M., REISS, G.*, 2018, S. 325). Daneben steht
das IT-Service-Management, welches sich um die Betreuung und Zufriedenheit der Kunden kümmert (nach *HOFMANN, J.*, 2010, S. 127).

Sowohl das Fachpersonal als auch die IT-Infrastruktur fallen in den Tätigkeitsblock des IT-Ressourcen-Managements (vgl. *RESCH, O.*, 2009, S. 15; nach *SCHREYÖGG, G.*, *KOCH, J.*, 2020, S. 95).

Das IT-Programm-und-Portfolio-Management verwaltet alle IT-Leistungen, Veränderungsvorschläge und neue Ideen für diese. Es gewährleistet die Strategiekonformität und gruppiert übereinstimmende Leistungen in Portfolios (vgl. *KRCMAR, H.*, 2005, S. 203 ff.; nach *BEIMS, M.*, *ZIEGENBEIN, M.*, 2014, S. 73). Somit bildet es die Schnittstelle zwischen der Strategie und ihrer Umsetzung.

Auf der Horizontalachse finden sich IT-Strategie und IT-Controlling. Dabei spiegelt die Strategie das Ziel wider. Während das Controlling dafür sorgt, mit dem Abgleichen von Kennzahlen, dass dieses erreicht wird (vgl. *Laudon, K. C.*, *LAUDON, J. P.*, *SCHODER*, 2010, S. 842; nach *REISS, M.*, *REISS, G.*, 2018, S. 53).

Mit der Vertikalachse wird verdeutlicht, dass sich die IT an den Kunden und der Gesamtorganisation auszurichten hat (Alignment). Zudem können auch neue Steuerungsformen eingeführt werden (Enabling), beispielsweise in Form von Applikationen (vgl. *HENDERSON, J. C.*, *VENKATRAMAN, H.*, 1999, S. 478 f. ; nach *LUFTMAN, J.*, *KEMPAIAH, R.*, 2007, S. 165 ff.). Hiermit sollen die Fachabteilungen im Unternehmen aktiv unterstützt werden. Abseits der Tätigkeitsblöcke müssen integrale Steuerungsaufgabe und die Koordination einzelner Blöcke berücksichtigt werden. Exemplarisch ermöglichen Kennzahlen aus dem IT-Controlling die Preiskalkulationen im IT-Service-Management (vgl. *RESCH, O.*, 2016, S. 121 ff.).

Die Erfassung, das Verständnis und systematische Weiterentwicklung der Architektur von Organisationen werden als Enterprise-Architecture-Management (EAM) bezeichnet. Dies betrifft nicht nur die IT, sondern alle Bereiche eines Unternehmens. Explizit zur Vorgehensweise finden sich Literaturwerke wie etwa *How to Survive in the Jungle of Enterprise Architecture Frameworks* von *SCHEKKERMAN, J.*, 2004 oder *IT-Architektur-Engineering* von *KRÜGER, S.*, *SEELMANN-EGGEBERT, J.*, 2003.

Zur Gewährleistung von hinreichender Sicherheit krönt der Tätigkeitsblock der Cyber-Sicherheit das Modell in der Abbildung (vgl. *RESCH, O.*, 2009, S. 287 f.).

Im IT-Management herrscht eine gewisse Unschärfe. Das in der Abbildung 1 skizzierte Modell ist keinesfalls stationär und nur eine von vielen möglichen Darstellungen (nach *BEIMS, M.*, *ZIEGENBEIN, M.*, 2014, S. 17). In der Praxis muss dieser Unschärfe mit Definitionen begegnet werden, welche von den jeweiligen Bedürfnissen beziehungsweise Anforderungen abhängen. Ein detailliertes Bild liefern die Management-Practices im Information Technology Infrastructure Library (ITIL)-Framework (vgl. *JOHANNING, V.*, 2020, S. 72 f.).

Abbildung 1: Tätigkeiten im IT-Management

Aufgabenbereiche

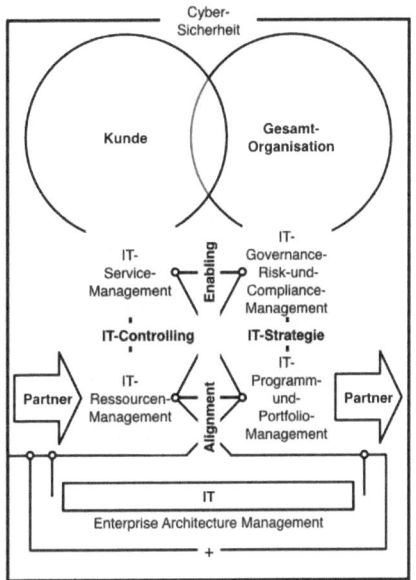

Quelle: *RESCH, O.*, 2016, o. S.

2.2 IT-Governance

Dieser Unterabschnitt erweitert lediglich die Begriffsdefinition, welche im Unterabschnitt 2.1 begonnen wurde.

„Unter IT-Governance (engl.: IT governance) versteht man die Maßnahmen, Prozesse und Strukturen, die IT-Leistungen eines Betriebs transparenter und leichter steuerbar machen. Es soll durch die IT-Governance unter anderem sichergestellt werden, dass die IT-Strategie mit der restlichen Unternehmensstrategie übereinstimmt (engl.: IT alignment) und dass regulatorische Vorgaben eingehalten werden (engl.: compliance). Die IT-Governance umfasst alle strategisch relevanten Entscheidungen bezüglich der IT-Infrastruktur, der IT-Leistungen und IT-Risiken" (Zitat aus *HANSEN, H. R., MENDLING, J., NEUMANN, G.*, 2015, o. S., siehe Abschn. 7.2.2).

In einer traditionellen Unternehmensleitung ist der Chief Information Officer (CIO) für automatisierte Systeme zuständig, diese sollen effektiv zu den Geschäftszielen einer Organisation beitragen (vgl. *REISS, M.*, *REISS, G.*, 2018, S. 50; nach *PETERSON, R.*, 2004, S. 12; i. A. a. *BEIMS, M.*, *ZIEGENBEIN, M.*, 2014, S. xiii).

Die Tätigkeiten des IT-Governance lassen sich wie folgt aufschlüsseln (vgl. *NORFOLK, D.*, 2011, S. viii; vgl. *BROADBENT, M.*, *KITZIS, E.*, 2004, o. S.; nach *ALLWEYER, T.*, 2005, o. S.; nach *HELMKE, S.*, *UEBEL, M.*, 2016, S. 27 f.):

- Die Planung wohin sich die IT entwickeln soll. Ausgerichtet am Kunden und der Unternehmensstrategie.

- Eine IT-Strategie passend zur Entwicklungsplanung vorgeben.

- Es muss dem Management ermöglicht werden ihre strategischen Ziele durch die Organisation bis zu den IT-Technikern herabgestuft zu kommunizieren. Dazu ist die Vorgabe einer Aufbauorganisation vonnöten.

- Gewährleistung einer wechselseitigen Kommunikation zwischen allen internen und externen Stakeholdern des Governance-Prozesses. Hierfür muss eine möglichst effektive Kommunikationsinfrastruktur geschaffen werden.

- Bereitstellung von einem Rahmen, welcher eine effektive Tätigkeitsausführung im IT-Bereich ermöglicht.

- Risiko-Management, die IT-bezogenen Risiken müssen angemessen identifiziert und gesteuert werden. Zur Steuerung gehört die Minderung, Übertragung und Akzeptanz eines jeden Risikos.

- Entwicklung einer Systematik zur effektiven Identifizierung von IT-bezogenen Risiken. Zum einen für die Bereitstellung von Geschäftsdiensten und zum anderen für die Übersetzung von Maßnahmen zur Minderung des IT-Risikos.

- Einführung von Kennzahlen zur Quantifizierung der Effektivität der IT-Governance.

- Darüber hinaus sollen die automatisierten Informationssysteme, wie beispielsweise Finanzberichterstattungs- und Prüfungssysteme, eine möglichst realitätsnahe Ansicht des Geschäftsbetriebs erzeugen.

- Identifizieren einer Rentabilität für die Investition in IT-Governance in Bezug auf schnellere und billigere Geschäftssysteme.

IT-Governance gewährleistet das Alignment der IT am Kunden und der Unternehmensstrategie. Hierzu wird ein Rahmen vorgegeben, welcher auch Entscheidungsbefugnisse und Verantwortlichkeiten des IT-Managements festlegen (nach *DE HAES, S., VAN GREMBERGEN, W.*, 2004, S. 2). Als Tool zur Erreichung der Entwicklungsziele wird die IT-Strategie verwendet; welche eine Vision vorgibt, die wiederum zur Mission der IT wird (vgl. *JOHANNING, V.*, 2020, S. 49; nach *GEHRING, H., GADATSCH, A.*, 1999, S. 3). Dazu müssen die Technikauswahl mit IT-Architecture, der Betrieb genauer gesagt der IT-Service, die Risiken und externe Regelwerke berücksichtigt werden (vgl. *JOHANNING, V.*, 2020, S. 77; nach *GADATSCH, A.*, 2019, S. 30).

2.3 Relation und Unterscheidung der Begriffe

Das IT-Management findet sich in allen administrativen Aufgabenbereichen der IT wieder. IT-Management ist das Ganze und IT-Governance ist das richtunggebende Fragment vom Ganzen. Diese Beziehung wird in Abbildung 1 partiell abgebildet.

IT-Governance steuert die IT mittels IT-Strategie und einem Rahmen bestehend aus Regeln, Strukturen sowie Prozessen. Auf diese Weise wird die Richtung für das IT-Management vorgegeben.

Wäre die IT ein metaphorisches Schiff der Marine, dann wäre jeder IT-Manager ein Offizier. Während der Steuermann an Board vom IT-Governance-Leiter repräsentiert wird. Die IT-Strategie ist dann äquivalent zum Steuerrad. Die Rolle des Kapitäns ist noch eine weitere an Bord, welche letzten Endes die Verantwortung trägt.

3 Entscheidungsstrukturen und Prozesse

Mit diesem Abschnitt wird eine Übersicht über die Aufbau- und Ablauforganisation vermittelt. Um eine einheitliche Sprache zu gewährleisten wird im Folgenden vom IT-Bereich gesprochen, trotz der unterschiedlichen Positionierungen.

In den letzten Jahren hat sich die Organisationsgestaltung verändert. Während es früher hieß *Process follows Structure*, heißt es heute *Structure follows Process* (vgl. *EIGNER, M.,* 2017, S. 16).

3.1 Aufbauorganisation

Übergeordnete Entscheidungsstrukturen oder auch Organisationsstrukturen entscheiden über die Verantwortung und Weisungsbefugnisse (vgl. *JOHANNING, V.,* 2020, S. 17). Indirekt entscheidet dies über die Mitbestimmung des IT-Bereichs im Unternehmen (vgl. *HOFMANN, J.,* 2010, S. 93 ff.).

3.1.1 Interner IT-Bereich

Bei einem internen IT-Bereich finden sich die vier Grundformen zur Einordnung des IT-Bereichs in der Organisationsstruktur, ersichtlich in Abbildung 2 (vgl. *HOFMANN, J.,* 2010, S. 94 ff. und vgl. *JOHANNING, V.,* 2020, S. 18 ff.).

(1) Spartenteil: Innerhalb einer oder mehrerer Sparten angeordnet findet sich der IT-Bereich und arbeitet der jeweiligen Sparte zu.

(2) Abteilung: In der Organisationsstruktur hat der IT-Bereich seine eigene Fachabteilung (FA).

(3) Stabsstelle: Der IT-Bereich agiert beratend als Stabsstelle der Unternehmensleitung.

(4) Matrixorganisation: In den einzelnen Fachabteilungen befindet sich Fachpersonal für die Kommunikation mit dem IT-Bereich.

Abbildung 2: Einordnung des IT-Bereichs in der Organisationsstruktur

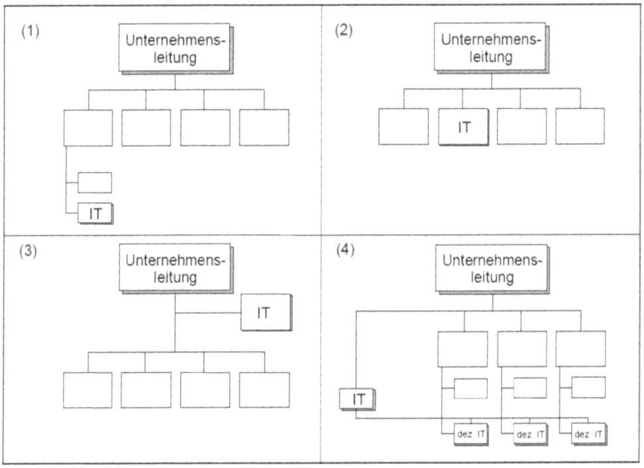

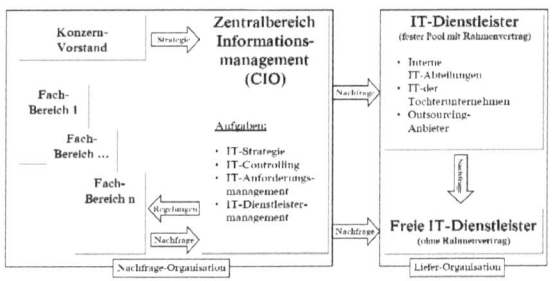

Quelle: *MERTENS, P., KNOLMAYER, G.*, 1998, S. 53

3.1.2 Externer IT-Bereich

Es wird von einem externen IT-Bereich gesprochen, wenn das Unternehmen einen IT-Service von einem anderen Unternehmen bezieht. Zwischen den Unternehmen herrscht ein rechtliches Bündnis, meist in Form eines IT-Dienstvertrags (vgl. *HOFMANN, J.*, 2010, S. 96 f.; nach *GADATSCH, A., MAYER, E.*, 2013, S. 51 f.). Über ein zentrales Informationsmanagement wird eine Nachfrage der FA auf Strategiekonformität hin geprüft und an einen IT-Dienstleister weitergereicht. Das Modell, welches in Abbildung 3 zu sehen ist, wird als Demand-Supply-Modell bezeichnet (vgl. *JOHANNING, V.*, 2020, S. 28 f.; nach *GADATSCH, A., MAYER, E.*, 2013, S. 51 f.).

Abbildung 3: Externer IT-Bereich in der Organisationsstruktur

Quelle: *GADATSCH, A., MAYER, E.*, 2013, S. 51

3.2 Ablauforganisation

Die Geschäftsprozesse beschreiben die Abläufe, welche für die Erstellung von Produkten und Dienstleistungen auch Services erforderlichen sind. Zur Erfüllung der Prozessaufgabe muss eine Reihe von Funktionen alias Aktivitäten abgeschlossen werden (vgl. *KARER, A.*, 2007, S. 38 f.; nach *JOHANNING, V.*, 2020, S. 67). Im Fokus steht der Nutzen für den Kunden (vgl. *HOFMANN, J.*, 2010, S. 129)

Ziel der Ablauforganisation ist die Schaffung von Standards bei der Arbeit. Dies verdeutlicht den Mitarbeitern und Fachabteilungen die Vorgehensweise. Neben der geschaffenen Transparenz wird auch die Qualität durch Standardprozesse abgesichert (vgl. *JOHANNING, V.*, 2020, S. 76; nach *HOFMANN, J.*, 2010, S. 142). Zusätzlich ist die Dokumentation für interne Audits oder zur Vorbereitung für Zertifizierungen hilfreich (vgl. *JOHANNING, V.*, 2020, S. 76).

Ziel der Prozessverbesserung ist es, dass die Routine mit möglichst wenig Aufwand verbunden ist (nach *EIGNER, M.*, 2017, S. 321 f.). Mit einer vollständigen Prozessautomatisierung kann der Idealfall erreicht werden (vgl. *KARER, A.*, 2007, S. 47; nach *GADATSCH, A.*, *MAYER, E.*, 2013, S. 60 ff.). In den meisten Unternehmen finden sich applikationsgestützte Enterprise Resource Planning (ERP), Supply Chain Management (SCM) und Customer Relationship Management (CRM) Prozesse (vgl. *HOFMANN, J.*, 2010, S. 42 f.).

Zwischen den einzelnen Tätigkeiten im IT-Management differenzieren sich die Prozessketten stark. Beispielhaft könnte das Incident-, Problem-, Release-, Change-, Capacity oder Configuration-Management betrachtet werden (vgl. *HOFMANN, J.*, 2010, S. 112 ff.). Eine saubere Ausarbeitung dieser Thematik würde daher über den Rahmen dieser Arbeit hinausgehen.

Innerhalb des Best Practice Frameworks Control Objectives for Information and Related Technology (COBIT) findet sich für das IT-Governance eine Prozessübersicht, welche in der Abbildung 4 thematisiert wird. Darin befinden sich 37 Prozesse, welche in fünf Domänen unterteilt werden. Einer IT-Governance-Domäne *Evaluate, Direct and Monitor (EDM)* und vier IT-Management-Domänen *Align, Plan and Organise (APO); Build, Acquire and Implement (BAI); Deliver, Service and Support (DSS); Monitor, Evaluate and Assess (MEA)* (vgl. *JOHANNING, V.*, 2020, S. 70; vgl. *ISACA*, 2018, o. S.).

Abbildung 4: COBIT - Prozessreferenzmodell

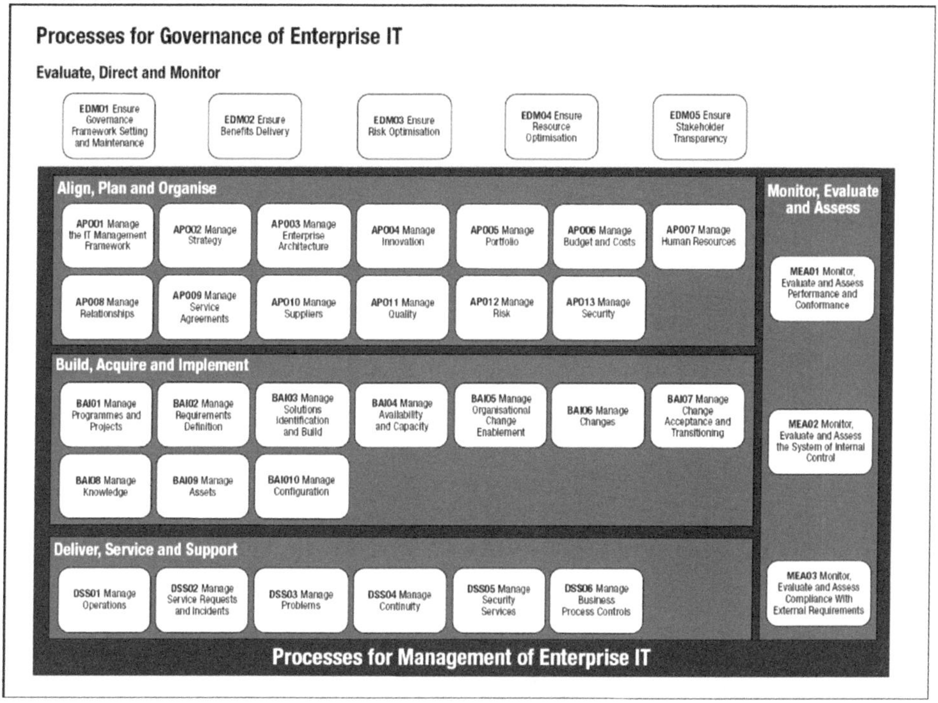

Processes for Governance of Enterprise IT

Evaluate, Direct and Monitor

| EDM01 Ensure Governance Framework Setting and Maintenance | EDM02 Ensure Benefits Delivery | EDM03 Ensure Risk Optimisation | EDM04 Ensure Resource Optimisation | EDM05 Ensure Stakeholder Transparency |

Align, Plan and Organise | **Monitor, Evaluate and Assess**

| AP001 Manage the IT Management Framework | AP002 Manage Strategy | AP003 Manage Enterprise Architecture | AP004 Manage Innovation | AP005 Manage Portfolio | AP006 Manage Budget and Costs | AP007 Manage Human Resources |

| AP008 Manage Relationships | AP009 Manage Service Agreements | AP010 Manage Suppliers | AP011 Manage Quality | AP012 Manage Risk | AP013 Manage Security |

MEA01 Monitor, Evaluate and Assess Performance and Conformance

Build, Acquire and Implement

| BAI01 Manage Programmes and Projects | BAI02 Manage Requirements Definition | BAI03 Manage Solutions Identification and Build | BAI04 Manage Availability and Capacity | BAI05 Manage Organisational Change Enablement | BAI06 Manage Changes | BAI07 Manage Change Acceptance and Transitioning |

| BAI08 Manage Knowledge | BAI09 Manage Assets | BAI010 Manage Configuration |

MEA02 Monitor, Evaluate and Assess the System of Internal Control

Deliver, Service and Support

| DSS01 Manage Operations | DSS02 Manage Service Requests and Incidents | DSS03 Manage Problems | DSS04 Manage Continuity | DSS05 Manage Security Services | DSS06 Manage Business Process Controls |

MEA03 Monitor, Evaluate and Assess Compliance With External Requirements

Processes for Management of Enterprise IT

Quelle: *JOHANNING, V.*, 2020, S. 70

3.2.1 Standardsoftwareeinführungsprozess

Eine Softwareeinführung wird in der Abbildung 5 thematisiert (vgl. *GADATSCH, A., MAY-ER, E.*, 2013, S. 247 ff.). Einführungsprozesse für Standardanwendungssoftware bestehen aus einer Vielzahl von Aktivitäten für die jeweilige FA, die IT und speziell dem IT-Controllerdienst. Dieser Prozess finden sich in Abbildung 4 an mehreren Stellen gleichzeitig: BAI01, BAI02, MEA01, u. a. Während der Laufzeit des Einführungsprojektes unterstützt der IT-Controllerdienst die Mitarbeiter der FA und das IT-Management in der Nutzungs- und Wartungsphase mit den folgenden Dienstleistungen (vgl. *GADATSCH, A., MAYER, E.*, 2013, S. 247 ff.; nach *GADATSCH, A.*, 2019, S. 79 ff.):

- In Projektlenkungsausschüssen als Berater mit IT-Know-how.

- In regelmäßigen Audits zur Qualitätsverbesserung und -sicherung.

- Mithilfe von Abweichungsanalysen zum Soll-Ist-Vergleich bezüglich der Ziele, Res-sourcen, Risiken u. a.

- Mithilfe bei der Auswahl, Vertragsgestaltung und Beurteilung qualifizierter Berater.

Abbildung 5: Einführungsprozess für Standardsoftware

Einführungsprozess für Standardanwendungssoftware

Vorunter-suchung	Organisation und Konzeption	Detaillierung und Realisierung	Produktions-Vorbereitung	Produktiver Betrieb
FA+IT	FA +IT	FA +IT	FA+IT	FA +IT
Handlungsalternativen Strategische Softwareauswahl Realisierungsplan	Projekt vorbereiten Funktionen und Prozesse festlegen Projektteam schulen Schnittstellen und Add Ons entwerfen	Funktionen und Prozesse abbilden (Customizing) Add Ons und Schnittstellen realisieren	Anwenderdokumentation erstellen Anwenderschulung Altdaten übernehmen Produktivsystem aktivieren	Online-Nutzung Batchbetrieb Regelmäßige Arbeiten Releasewechsel Customizing von Erweiterungen
Wirtschaftlichkeits-Analyse, Risikobewertung. Projektantrag-Genehmigung. Ermittlung Beitrag zur Geschäftsstrategie	Sicherstellung der Nutzung von Standard-Funktionen der SW Wirtschaftlichkeits-Nachweis von Add-Ons und Modifikationen	Aufbau eines IT-Controlling-Berichtswesens zum Monitoring des späteren Systems	Aktualisierung der Risikoanalyse (insb. bei Big-Bang-Strategien)	Bereitstellung von IT-Kennzahlen und Berichten Wirtschaftlichkeit und Risikobewertung von Releasewechseln

FA + IT

IT-Controllerdienst

Phasenübergreifend:	Teilnahme Projektlenkungsausschuss, Reviews/Audits, Lfd. Soll-/Ist-Vergleich und Kennzahlen zur Wirtschaftlichkeit, Projektrisiken und –fortschritt, Beratermanagement, ...

Quelle: *GADATSCH, A., MAYER, E.*, 2013, S. 247

3.2.2 Incident-Management-Prozess

Traditionell besitzt jede IT ein Incident-Management. Veranschaulicht wird der Incident-Management-Prozess in der Abbildung 6. Neben den operativen Rollen des Incident Handlers und Incident Experten, welche aktiv am IT-Service-Management-Prozess beteiligt sind, existieren auch Prozessverantwortliche. Diese Position wird als Process Owner betitelt. Im Rahmen des Incident-Management-Prozesses wird auch vom Incident Manager gesprochen. Die Rolle trägt die Verantwortung für die Zielerreichung. Hinzukommt die kontinuierliche Weiterentwicklung, Qualitätssicherung sowie die Einhaltung von Methoden und Standards für den Prozess. Der Process Owner bleibt in der operativen Tätigkeit unbeteiligt, jedoch trägt dieser zum Erfolg des Incident-Management-Prozesses bei (vgl. *HOFMANN, J.*, 2010, S. 142 f.; i. A. a. *JOHANNING, V.*, 2020, S. 120). In Abbildung 4 findet sich der Kern des Incident-Management-Prozesses in DSS02.

Abbildung 6: Übersicht des Incident-Management-Prozesses

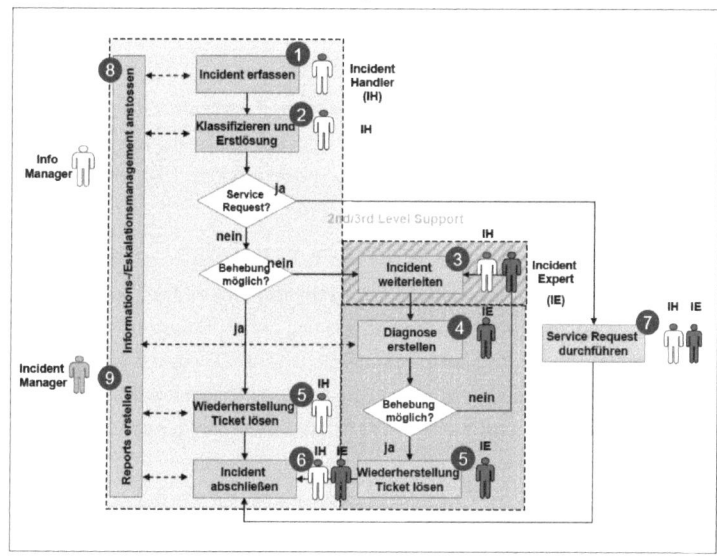

Quelle: *HOFMANN, J.*, 2010, S. 142

3.3 In der Praxis

Zum Abschuss des 3. Abschnitts werden die bisherigen theoretischen Inhalte mit der Wirklichkeit verknüpft. Während die Theorie steif klingt, ist die Realität im ständigen Wandel.

Heraklit war seiner Zeit voraus und sprach einst die Weisheit:

„Die einzige Konstante im Leben ist die Veränderung."

Dazu passt auch das Akronym Volatility, Uncertainty, Complexity and Ambiguity (VUCA)-Welt, welches sich auf der Erstausgabe von *Leaders: The Strategies for Taking Charge* gestützt (vgl. *BENNIS, W. G., NANUS*, 2012). Das Buch *Organisation für Komplexität* befasst sich ebenfalls diesem Phänomen. Darin wird die Taylor-Wanne beschrieben (vgl. *PFLÄGING, N.*, 2014, S. 15).

3.3.1 Aufbau- und Ablauforganisation

In der Aufbauorganisation, gerade bei größeren Unternehmen, finden sich Mischformen einer internen und externen IT. Exemplarisch werden neue Services zunächst von einem Dienstleitungsunternehmen erbracht und bei Erfolg wird Insourcing betrieben (nach *EIGNER, M.*, 2017, S. 289; i. A. a. *GADATSCH, A.*, 2019, S. 98). Umgekehrt wird beim

Abbau eines Services Outsourcing betrieben (nach *EIGNER, M.*, 2017, S. 289; i. A. a. *GADATSCH, A.*, 2019, S. 98). Dies ermöglicht den internen Mitarbeitern sich auf zukunftsträchtige Services zu konzentrieren.

Bei der Ablauforganisation beginnen viele Prozesse zur Integration als Projekt, bevor sie etabliert sind. Ein Beispiel dafür ist eine Softwareeinführung. Andere Prozesse existierten von Beginn an, erfahren mit der Zeit Abwandlungen. Dies gilt bekanntlich oftmals für den Incident-Management-Prozess.

Beide Organisationen sind von den Anforderungen an die IT und somit indirekt von den Anforderungen ans Unternehmen abhängig. Sie müssen daher kontinuierlich angepasst werden. Meist erfolgt diese Veränderung reaktiv. Beispielhaft erfordert ein neues Produkt dauerhaft eine erhöhte Kommunikation mit der IT, weshalb eine neue Position geschaffen wird. Es würde sich bei einer bestehenden Linienorganisation der Wandel zur Matrixorganisation anbieten. In Abbildung 2 würde dies einen Wechsel von Nummer zwei zu Nummer vier verursachen.

Die IT-Organisation ist individuell wie das Unternehmen selbst. Daher passt kein Best Practice Framework eins zu eins. Viel mehr muss für jedes Unternehmen ein passendes Rahmenwerk geschaffen werden (vgl. *JOHANNING, V.*, 2020, S. 74).

3.3.2 Eingliederung in das Rollenkonzept

Für die Erschaffung des unternehmensspezifischen Rahmenwerks ist das IT-Governance verantwortlich. Einzelne Organisationsbestandteile können aus Best Practice Frameworks übernommen werden und werden zudem gegebenenfalls noch angepasst. Andere Bestandteile müssen eigenständig gestalten werden (vgl. *JOHANNING, V.*, 2020, S. 74 f.).

Werden die Abbildung 1 und 4 gemeinsam betrachtet fällt auf, dass das IT-Governance ein kleiner aber essenziell Bestandteil des IT-Managements ist. Es besteht jedoch eine gegenseitige Abhängigkeit, auch Wechselwirkung genannt, zwischen IT-Governance und IT-Management. Damit IT-Governance das Rahmenwerk richtig gestalten kann, braucht es Input vom IT-Management. Während sich das IT-Management an die Vorgaben vom IT-Governance halten muss. Somit ist der kommunikative Austausch unabweisbar.

Innerhalb der vier IT-Management-Domänen findet sich das IT-Management in allen Prozessen, welche in Abbildung 4 zu finden sind. Beispielsweise handelt es sich beim Process Owner des Incident-Management-Prozesses um einen IT-Manager.

4 Analyse

Die zweite Fragestellung wird in diesem Abschnitt beantwortet: Was ist die Basis für erfolgreiches IT-Management? Dazu werden Inhalte der Abschnitte 2 und 3 induktiv erfasst und komprimiert zur Beantwortung wiedergegeben. Darüber hinaus fließen empirische Erkenntnisse hinein.

4.1 Anforderung für paarweisen Vergleich

Werden die bisherigen Inhalte reflektiert, manifestieren sich die Anforderung für das IT-Management.

Innerhalb der Begriffsdefinition von IT-Management in Unterabschnitt 2.1 erschienen Compliance-Management, Risiko-Management, verfügbare Ressourcen beim IT-Ressourcen-Management und die notwendige Cyber-Sicherheit. Der Unterabschnitt 2.2 zu IT-Governance offenbarte in den Tätigkeiten die Anforderungen IT-Strategie, Planung, Wirtschaftlichkeitsanalyse und Kennzahlen. In Bezug auf die Aufbauorganisation wurde die Mitbestimmung des IT-Bereichs in Unterabschnitt 3.1 genannt. Im Abschnitt 3.3 wurde die Herkunft der Flexibilität für Veränderung verdeutlichen. Damit sich diese Veränderung in die gewünschte Richtung bewegt muss eine Kommunikation stattfinden, näher erläutert im untergeordneten Abschnitt 3.3.2. Zudem werden die generellen Einflüsse Einwirkung der Außenwelt und Auswirkung auf die Außenwelt hinzugezogen. Darunter wird beispielsweise der vorhandene Softwarepool und das Image aufgefasst.

Die Tabelle 1 listet diese Basisanforderungen für erfolgreiches IT-Management. Dies ist nur eine von vielen möglichen Ausarbeitungen zur Thematik und für eine konkrete Anwendung zu unspezifisch. Zur Anwendung sollte die Tabelle entsprechend der unternehmensspezifischen Anforderungen bearbeitet und vervollständigt werden.

Tabelle 1: Anforderungsliste

Nr.	Titel	Beschreibung
1	IT-Strategie	Sie sollte eine weitreichende Betrachtung ermöglichen und dennoch überall zu realisieren sein. Die IT-Strategie entscheidet sich durch die Planung.
2	Planung	Die IT-Planung mit kurz-, mittel- und langfristigen Zielen inklusive Vorgehensweisen. Diese wird anhand der Kunden und Unternehmensstrategie ausgerichtet.
3	Wirtschaftlichkeitsanalyse	Die Vorgabe zum Identifizieren einer Rentabilität für Investitionen ist von großer Wichtigkeit.
4	Kennzahlen	Realitätsnahe Kennzahlen zur Quantifizierung der Effektivität von allen Prozessen. Die Zahlen beeinflussen letztlich die Planung.
5	Compliance-Management	Dies bestimmt im Unternehmen wie schnell externe Regelwerke aktualisiert werden. Zudem entscheidet die Formulierung der Verträge über den Handlungsfreiraum.
6	Risiko-Management	Ermisst über die Methode zur Identifikation und Anpassung von IT-Risiken.
7	Notwendige Cyber-Sicherheit	Die Cyber-Sicherheit ist von der Branche des Unternehmens abhängig. Je nachdem muss diese mehr oder weniger berücksichtigt werden.
8	Mitbestimmung	Der Einfluss der IT spielt eine entscheidende Rolle. Dafür ausschlagend sind Branche, Strategie, Politik, Kultur des Unternehmens u. a.
9	Verfügbare Ressourcen	Die Gelder eines Unternehmens entscheiden über die IT-Infrastruktur und den Anteil an Personal mit IT-Know-how.
10	Einwirkung der Außenwelt	Ein großer Softwarepool für verschiedene Standardlösungen ist nur ein Aspekt von vielen, aber ein kleiner Kreis von Anbietern sorgt für Vergünstigungen.
11	Auswirkung auf die Außenwelt	Das Image des Unternehmens wirkt sich auf die Auftragslage aus und damit alle Bereiche. Strategien werden häufig danach ausgerichtet.
12	Kommunikation	Ausschlaggebend sind das Fachpersonal bei Kunden und Fachabteilungen, aber auch die Zufriedenheit in der Vergangenheit. Zudem die Kommunikationsinfrastruktur.
13	Flexibilität für Veränderung	Die Anpassungsfähigkeit ist für verwendete Frameworks, Dokumentation, Geschäftsprozessen u. a. gewinnt immer mehr an Bedeutung (VUCA-Welt).

4.2 Nutzwertanalyse

Eine Nutzwertanalyse wird beispielhaft in diesem Unterabschnitt in Tabelle 2 durchgeführt. Dazu werden die ponderablen Anforderungen aus Tabelle 1 aufgegriffen und die Aufbauorganisationen aus Abbildung 2 werden anhand dieser gegenübergestellt. Für die allgemeine Bewertung werden Punkte von eins bis vier für jede Anforderung verteilt.

Für die endgültige Auswertung fehlt die Ausführung eines paarweisen Vergleichs, um die Rangfolge beziehungsweise die Gewichtung der einzelnen Anforderungen festzulegen. Aufgrund der Dependenz, also hier speziell die Abhängigkeit der Rangfolge vom Unternehmen, wird die Nutzwertanalyse pauschal ohne Gewichtung erfolgen.

Im Unternehmen sollte, neben der Überarbeitung, vor der Auswertung ein paarweiser Vergleich durchgeführt werden, um bezüglich der Prioritäten Klarheit schaffen.

Tabelle 2: Nutzwertanalyse ohne Gewichtung

Nr.	Titel:	Sparten Bewertung	Abteilung Bewertung	Stabstelle Bewertung	Matrix Bewertung
8	Mitbestimmung	1	2	3	4
9	Verfüg. Ressourc.	1	2	4	3
10	Einw. der Außenw.	3	2	1	4
11	Ausw. auf die Auß.	1	2	4	3
12	Kommunikation	3	2	1	4
13	Flexi. für Veränder.	2	3	1	4
$\sum$	Summe	11	13	14	22

Aus dieser verallgemeinerten Analyse geht die Matrixorganisation als klarer Sieger hervor, während die Differenzen der Summen von den anderen Aufbauorganisationen wenig Unterschiede aufzeigen. Es sei an dieser Stelle explizit gesagt, dass jede Entscheidungsstruktur ihre Stärken und Schwächen besitzt (vgl. JOHANNING, V., 2020, S. 19 f.).

Das Ergebnis ist wenig verwunderlich, da sich aus der IT-Perspektive häufig für diese Entscheidungsstruktur ausgesprochen wird.

4.3 Basis für erfolgreiches IT-Management

Die Anforderungsliste in Tabelle 1 zeigt Anforderungen, welche für ein erfolgreiches IT-Management notwendig sein können. Auch die gezeigte Bewertung mittels Nutzwertanalyse ist nur eine von vielen möglichen Beurteilungsmethoden.

Es existiert nicht die eine richtige universal Antwort. Letztlich treten in jedem Unternehmen individuelle Anforderungen sowie Probleme auf und dementsprechend muss der Lösungsweg eingeschlagen werden. Gründe dafür sind die unterschiedlichen Ausgangssituationen der Unternehmen, Vorgaben des Vorstands, Branchen u. a. m.

Letzten Endes führen viele Wege zum Ziel die Existenz des Unternehmens abzusichern und an Resilienz zu gewinnen. Die gesetzten Zwischenziele mögen unterschiedlich sein. Eines haben jedoch alle gemeinsam, sie lehnen Stagnation ab.

Zu den Zwischenzielen passt herforragend die Weisheit von Konfuzius:

> „Der Weg ist das Ziel."

Wichtig dabei ist das Wissen, dass es sich bei der Statuserhaltung des Unternehmens um kein finites Ziel handelt. Genau mit dieser Problematik beschäftigt sich das Buch *The Infinite Game* von *SINEK, S.*, 2019.

Es empfiehlt sich daher in der heutigen VUCA-Welt ein agiles Management mit flacher Hierarchie anzustreben, damit eine Planungsänderung mit möglichst wenig Aufwand verbunden ist. Für bedeutsame und zudem ungewisse Einflussfaktoren sollten idealerweise Handlungsalternativen mit eingeplant werden.

Das obere Management hat die Aufgabe möglichst weitgehend vorauszuplanen und sich der Unsicherheit hinsichtlich der Zukunft bewusst sein, was deutet unter gewissen Bedingungen Anpassungen zuzulassen.

Albert Einstein brachte es auf den Punkt mit dem Satz:

> „Planung ersetzt Zufall durch Irrtum."

Dieser Irrtum ist menschlich. Wichtig ist nur sich die Fehler einzugestehen, diese zu korrigieren und diese in Zukunft nicht zu wiederholen. Eine angemessene Dokumentation beugt der Fehlerwiederholung vor.

5 Resultat zu IT-Governance

Nun erfolgt der Schlussstrich der Arbeit. Zunächst wird die Arbeit dazu zusammengefasst und abschließend erfolgt ein Ausblick zum weiteren Recherche- oder Forschungsbedarf.

5.1 Zusammenfassung

Diese Arbeit beginnt mit der Erläuterung der Begriffe IT-Management und IT-Governance. Während sich das IT-Management in allen administrativen Bereichen der IT ansiedelt, findet sich das IT-Governance ausschließlich im strategischen Bereich wieder. IT-Governance gibt die Richtung vor; indem es Planung, auch IT-Strategie, und den Rahmen bestehend aus Regeln, Strukturen sowie Prozessen vorschreibt. Der Arbeitsalltag im IT-Management soll durch diese Vorgaben in allen Bereichen vereinfacht werden.

Der Hauptteil veranschaulicht wie die IT in der Aufbauorganisation eingegliedert werden kann. Dazu werden die Begriffe interne und externe IT erläutert, wobei sich in der Praxis nur selten Reinformen zeigen. Mit der Aufbauorganisation entscheidet sich die Mitbestimmung der IT im Unternehmen. Die Ablauforganisation sichert die Vorgehensweise der Mitarbeiter ab und schafft Transparenz für andere Fachabteilungen. Dahinter verbergen sich Prozessketten, welche auf den Kundennutzen den Fokus legen. Diese Ketten können in den unterschiedlichen IT-Tätigkeiten stark variieren. In der Realität befinden sich Aufbau- und Ablauforganisation im stetigen Wandel, auch wenn Theorien und Dokumentationen gegenteiliges vermitteln. Daher ist die Flexibilität für Veränderungen und eine Kommunikation diesbezüglich essenziell.

In der Analyse wird deutlich, dass für ein erfolgreiches IT-Management in jedem Unternehmen unterschiedliche Anforderungen bedeutend sein können. Ein Grund dafür sind die mannigfachen Ausgangssituationen in denen sich verschiedene Unternehmen befinden. Neben allen Anforderungen für ein erfolgreiches IT-Management bleibt das Primärziel auf dem Markt zu bestehen, welches viele Wege kennt. Trotz der Ungewissheit über die Zukunft sollte möglichst weit in die Zukunft geschaut werden. Aus dem Irrtum in der Abschätzung können Erkenntnisse für das Morgen gewonnen werden. Somit können künftige Strategien mit diesem Wissen im Hinterkopf justiert werden. Aufgrund des Irrtums sollte eine Planung flexibel, agil oder besser noch mannigfaltig gestaltet werden, um auf alle möglichen Geschehnisse vorbereitet zu sein.

5.2 Ausblick

Fragen, die noch weiterer empirischer Untersuchungen bedürfen, sind:

- Welche Anforderungen sind in meinem Unternehmen von Bedeutung?

- Welche Wege bieten sich meinem Unternehmen, um auf dem Markt zu bestehen?

- Wie viele Jahre sollte zumindest in die Zukunft geplant werden?

- Wie wird flexibel, agil beziehungsweise mannigfaltig geplant?

- Wann ist welche Planungsdimension angemessen?

Darüber hinaus finden sich in aktueller Literatur neue Ansätze, welche die Thematik ge-zielter behandeln. Diese sind jedoch nur im Austausch durch eine entsprechend hohe Vergütung erhältlich. Marc Cecere erläutert in seiner Studie bei Forrester Research *The Future Tech Organisation: Smaller, Faster, and more Specialized* speziell die Aufbauorga-nisationen der IT. Einerseits werden die Vorteile einer kundenzentrierten IT- und Organi-sationsstruktur dargelegt. Andererseits auch die Probleme die eine Separierung mit sich bringen kann. In der Studie werden die folgenden Zukunftsfaktoren benannt:

- Größerer Business-Einfluss auf technologische Entscheidungen (Componentware-Architecture)
  Veraltete Silostrukturen auf Cloud-Basis in passende neue Technologien, Anwen-dungen und Prozesse aufbrechen. Mit dem Hintergrund die Anfragen an Neuan-schaffungen von Software zu senken.

- Cloud-Einsatz auf globalem Niveau
  Weg von den monolithisch angelegten Software-Plattformen zu Microservices in Verbindung mit Schnittstellen zu etablierten Softwarepaketen und Feature Toggles. Hintergrund ist die Erhöhung der Flexibilität.

- Eine auf „Services" basierte Entwicklung
  Die Unternehmen müssen sich an die Unbeständigkeit anpassen. Hierfür muss IT-Governance die Aufbauorganisation neu strukturieren. In diesem Kontext lauten die Schlagwörter DevOps und BizDevOps.

- Expansion von Agile, DevOps und DevSecOps
  Mit der Einführung von künstlicher Intelligenz (AI), Roboter, Maschine Learning und Natural Language Processing werden viele technologischen Funktionen ergänzt oder gar ersetzt werden. Durch den höheren Grad an Automatisierung verkürzen

sich Innovationszyklen und sowohl die Entwicklung als auch der Lebenszyklus von Software wird beschleunigt. Dies bedeutet End-to-End Lösungen umsetzten zu können, von Disruption zu Automation.

- Artificial Intelligence (AI) und kognitive Technologien
  Bei künftigen Gremien muss die IT tonangebend vertreten sein. Hintergrund sind Faktoren wie Skalierbarkeit und Sicherheit, welche in Planung und Realisierung berücksichtigt werden müssen. Mit dieser Technologie lässt sich die Ablauforganisation revolutionieren.

Viele der genannten Punkte werden von Experten bereits seit vielen Jahren verfolgt, jedoch stagniert es bei der Umsetzung der Veränderungen. Mit der Einführung von künstlicher Intelligenz (AI) und kognitive Technologien wird dies nun dringend erforderlich werden. Einen guten Einblick in die AI-Thematik und ihrer Standartisierungsmöglichkeit bietet die Arbeit von Thomas Zielke *Is Artificial Intelligence Ready for Standardization?*

In unserer VUCA-Welt scheint sich seit in etwa sechs Jahren ein neuer Trend zur Aufbauorganisation in Unternehmen zu etablieren. Das Schlagwort lautet *Reinventing Organizations*. Dem Zugrunde liegt der Gedanke, dass kein komplexer Organismus in der Natur einen Chef besitzt. Der Grundbaustein dahinter ist das *Spiral Dynamics* Modell. Ein Vorzeigeunternehmen dafür wäre *Buurtzorg*.

Durch funktionierendes Self-Management löst sich die Hierarchie im Unternehmen auf. Es entsteht eine pure Netzwerkstruktur. Idealerweise eine Bi-Modale Variante, wo sich in den Abteilungen die Fachkräfte auf den Service mit Zuverlässigkeit, Sicherheit, etc. spezialisieren. Während die eigentliche IT schnell und wendig ist, sodass neuen Ideen rasant umgesetzt werden.

Das Self-Management hat den wesentlich Vorteil, dass sich die einzelnen Mitarbeiter mehr engagieren und Veränderungen selbst herbeiführen. Während es bisher häufig diese Mitarbeiter waren, welche dem Wandel entgegentreten und ihn ausbremsten.

Damit muss sich eine neue Kultur etablieren, die Lernkultur. Denn fürs dazu lernen ist niemand jemals zu alt. Auch steigt die Glaubwürdigkeit und das Vertrauen der Menschen innerhalb des Unternehmens ineinander.

Leider wurden zum Thema nur zweifelhafte Quellen bezüglich des IT-Bereichs gefunden, weshalb es nicht genauer in dieser Arbeit behandelt wurde. Eine herrliche und unkonventionelle Quelle wäre dieses Video https://www.youtube.com/watch?v=CzD2gpd_txc&ab_channel=ReinventingOrganizations.

Literaturverzeichnis

ALLWEYER, Thomas (2005): Geschäftsprozessmanagement: Strategie, Entwurf, Implementierung, Controlling, o. O.: W3L-Verlag, 2005

BEIMS, Martin, ZIEGENBEIN, Michael (2014): IT-Service-Management in der Praxis mit ITIL®: Der Einsatz von ITIL® Edition 2011, ISO/IEC 20000:2011, COBIT® 5 und PRINCE2®, o. O.: Carl Hanser Verlag GmbH Company KG, 2014
BENNIS, Warren G., *NANUS, Burt* (2012): Leaders: The Strategies for Taking Charge, o. O.: Harper Business, 2012
BROADBENT, M., KITZIS, E. (2004): The New CIO Leader: Setting the Agenda and Delivering Results, o. O.: Harvard Business Review Press, 2004

DE HAES, Steven, VAN GREMBERGEN, Wim (2004): IT governance and its mechanisms, in: Information systems control journal, 1 (2004), S. 27–33

EIGNER, Martin (2017): IT-Lösungen für den Produktentwicklungsprozess, in: Neue Entwicklungen in der Unternehmensorganisation, hrsg. von *Spath, Dieter, Westkämper, Engelbert, Bullinger, Hans-Jörg, Warnecke, Hans-Jürgen*, o. O.: Springer Berlin Heidelberg, 2017, S. 211–229, ISBN: 978-3-662-55426-5, URL: https://doi.org/10.1007/978-3-662-55426-5_24

GADATSCH, Andreas (2019): IT-Controlling für die öffentliche Verwaltung kompakt: Methoden, Werkzeuge und Beispiele für die Verwaltungspraxis, o. O.: Springer Fachmedien Wiesbaden, 2019
GADATSCH, Andreas, MAYER, Elmar (2013): Masterkurs IT-Controlling: Grundlagen und Praxis für IT-Controller und CIOs - Balanced Scorecard - Portfoliomanagement - Wertbeitrag der IT - Projektcontrolling - Kennzahlen - IT-Sourcing - IT-Kosten- und Leistungsrechnung, o. O.: Springer Fachmedien Wiesbaden, 2013
GEHRING, Hermann, GADATSCH, Andreas (1999): Ein Rahmenkonzept für die Modellierung von Geschäftsprozessen und Workflows, o. O.: Fernuniv., 1999

HANSEN, Hans Robert, MENDLING, Jan, NEUMANN, Gustaf (2015): Wirtschaftsinformatik, o. O.: De Gruyter Oldenbourg (DGO), 2015
HELMKE, Stefan, UEBEL, Matthias (2016): Managementorientiertes IT-Controlling und IT-Governance, o. O.: Springer Fachmedien Wiesbaden, 2016
HENDERSON, John C, VENKATRAMAN, Harihara (1999): Strategic alignment: Leveraging information technology for transforming organizations, in: IBM systems journal, 38 (1999), Nr. 2.3, S. 472–484
HOFMANN, Jürgen (2010): IT-Organisation und -Personal, in: Masterkurs IT-Management: Grundlagen, Umsetzung und erfolgreiche Praxis für Studenten und Praktiker, hrsg.

von *Hofmann, Jürgen, Schmidt, Werner,* o. O.: Vieweg+Teubner, 2010, S. 93–190, ISBN: 978-3-8348-9387-1, URL: https://doi.org/10.1007/978-3-8348-9387-1_3

ISACA (2018): COBIT 2019 Framework: Introduction and Methodology, o. O.: ISACA, 2018

JOHANNING, Volker (2020): Die Ablauforganisation der IT – Welche IT-Prozesse und Strukturen braucht eine moderne und schlanke IT-Organisation der Zukunft?, in: Organisation und Führung der IT: Die neue Rolle der IT und des CIOs in der digitalen Transformation, hrsg. von *Johanning, Volker,* o. O.: Springer Fachmedien Wiesbaden, 2020, S. 67–121, ISBN: 978-3-658-12008-5, URL: https://doi.org/10.1007/978-3-658-12008-5_4

KARER, Albert (2007): Optimale Prozessorganisation im IT-Management: Ein Prozessreferenzmodell für die Praxis, o. O.: Springer Berlin Heidelberg, 2007
KLOTZ, Michael, DORN, Dietrich-W (2008): IT-Compliance—Begriff, Umfang und relevante Regelwerke, in: HMD Praxis der Wirtschaftsinformatik, 45 (2008), Nr. 5, S. 5–14
KRCMAR, Helmut (2005): Ein Rahmen für Informationsmanagement, in: Informationsmanagement (2005), S. 9–49
KRÜGER, Sascha, SEELMANN-EGGEBERT, Jörg (2003): IT-Architektur-Engineering, o. O.: Galileo Press, 2003

Laudon, Kenneth C., LAUDON, Jane Price, SCHODER, Detlef (2010): Wirtschaftsinformatik: eine Einführung, o. O.: Pearson Deutschland, 2010
LUFTMAN, Jerry, KEMPAIAH, Rajkumar (2007): An Update on Business-IT Alignment: A Line Has Been Drawn, in: MIS Quarterly Executive, 6 (2007), Nr. 3

MERTENS, Peter, KNOLMAYER, Gerhard (1998): Organisation der Informationsverarbeitung: Grundlagen-Aufbau-Arbeitsteilung, o. O.: Gabler Verlag, 1998

NORFOLK, David (2011): IT governance: Managing information technology for business, o. O.: Thorogood Publishing Ltd, 2011

PETERSON, Ryan (2004): Crafting information technology governance, in: Information systems management, 21 (2004), Nr. 4, S. 7–22
PFLÄGING, Niels (2014): Organisation für Komplexität: Wie Arbeit wieder lebendig wird - und Höchstleistung entsteht, o. O.: REDLINE Verlag, 2014

REISS, Manuela, REISS, Georg (2018): Praxisbuch IT-Dokumentation: Vom Betriebshandbuch bis zum Dokumentationsmanagement – die Dokumentation im Griff, o. O.: Carl Hanser Verlag GmbH Company KG, 2018
RESCH, Olaf (2009): Qualifikationsziele und didaktische Prinzipien eines Buchs zur Einführung in das IT-Management, in: e-Journal of Practical Business Research (2009)

RESCH, Olaf (2016): Einführung in das IT-Management: Grundlagen, Umsetzung, Best Practice, o. O.: Erich Schmidt Verlag, 2016

SCHEKKERMAN, Jaap (2004): How to Survive in the Jungle of Enterprise Architecture Frameworks: Creating Or Choosing an Enterprise Architecture Framework, o. O.: Trafford, 2004

SCHREYÖGG, Georg, KOCH, Jochen (2020): Grundlagen des Managements: Basiswissen für Studium und Praxis, o. O.: Springer-Verlag, 2020

SINEK, Simon (2019): The Infinite Game, o. O.: Penguin Publishing Group, 2019